CAHIER DE RECUEIL DES MOTS DE PASSE

SOMMAIRE

MOTS DE PASSE Boite(s) Mail(s)

NOM DU SITE :

IDENTIFIANT :

MOT DE PASSE :

ADRESSE EMAIL UTILISÉE:

NOM DU SITE :

IDENTIFIANT :

MOT DE PASSE :

ADRESSE EMAIL UTILISÉE:

NOM DU SITE :

IDENTIFIANT :

MOT DE PASSE :

ADRESSE EMAIL UTILISÉE:

NOTES :

NOM DU SITE :

IDENTIFIANT :

MOT DE PASSE :

ADRESSE EMAIL UTILISÉE:

NOM DU SITE :

IDENTIFIANT :

MOT DE PASSE :

ADRESSE EMAIL UTILISÉE:

NOM DU SITE :

IDENTIFIANT :

MOT DE PASSE :

ADRESSE EMAIL UTILISÉE:

NOTES :

NOM DU SITE :

IDENTIFIANT :

MOT DE PASSE :

ADRESSE EMAIL UTILISÉE:

NOM DU SITE :

IDENTIFIANT :

MOT DE PASSE :

ADRESSE EMAIL UTILISÉE:

NOM DU SITE :

IDENTIFIANT :

MOT DE PASSE :

ADRESSE EMAIL UTILISÉE:

NOTES :

NOM DU SITE :

IDENTIFIANT :

MOT DE PASSE :

ADRESSE EMAIL UTILISÉE:

NOM DU SITE :

IDENTIFIANT :

MOT DE PASSE :

ADRESSE EMAIL UTILISÉE:

NOM DU SITE :

IDENTIFIANT :

MOT DE PASSE :

ADRESSE EMAIL UTILISÉE:

NOTES :

NOM DU SITE :

IDENTIFIANT :

MOT DE PASSE :

ADRESSE EMAIL UTILISÉE:

NOM DU SITE :

IDENTIFIANT :

MOT DE PASSE :

ADRESSE EMAIL UTILISÉE:

NOM DU SITE :

IDENTIFIANT :

MOT DE PASSE :

ADRESSE EMAIL UTILISÉE:

NOTES :

MOTS DE PASSE Administratifs

NOM DU SITE :

IDENTIFIANT :

MOT DE PASSE :

ADRESSE EMAIL UTILISÉE:

NOM DU SITE :

IDENTIFIANT :

MOT DE PASSE :

ADRESSE EMAIL UTILISÉE:

NOM DU SITE :

IDENTIFIANT :

MOT DE PASSE :

ADRESSE EMAIL UTILISÉE:

NOTES :

MOTS DE PASSE Administratifs

NOM DU SITE :

IDENTIFIANT :

MOT DE PASSE :

ADRESSE EMAIL UTILISÉE:

NOM DU SITE :

IDENTIFIANT :

MOT DE PASSE :

ADRESSE EMAIL UTILISÉE:

NOM DU SITE :

IDENTIFIANT :

MOT DE PASSE :

ADRESSE EMAIL UTILISÉE:

NOTES :

NOM DU SITE :

IDENTIFIANT :

MOT DE PASSE :

ADRESSE EMAIL UTILISÉE:

NOM DU SITE :

IDENTIFIANT :

MOT DE PASSE :

ADRESSE EMAIL UTILISÉE:

NOM DU SITE :

IDENTIFIANT :

MOT DE PASSE :

ADRESSE EMAIL UTILISÉE:

NOTES :

MOTS DE PASSE Administratifs

NOM DU SITE :

IDENTIFIANT :

MOT DE PASSE :

ADRESSE EMAIL UTILISÉE:

NOM DU SITE :

IDENTIFIANT :

MOT DE PASSE :

ADRESSE EMAIL UTILISÉE:

NOM DU SITE :

IDENTIFIANT :

MOT DE PASSE :

ADRESSE EMAIL UTILISÉE:

NOTES :

NOM DU SITE :

IDENTIFIANT :

MOT DE PASSE :

ADRESSE EMAIL UTILISÉE:

NOM DU SITE :

IDENTIFIANT :

MOT DE PASSE :

ADRESSE EMAIL UTILISÉE:

NOM DU SITE :

IDENTIFIANT :

MOT DE PASSE :

ADRESSE EMAIL UTILISÉE:

NOTES :

NOM DU SITE :

IDENTIFIANT :

MOT DE PASSE :

ADRESSE EMAIL UTILISÉE:

NOM DU SITE :

IDENTIFIANT :

MOT DE PASSE :

ADRESSE EMAIL UTILISÉE:

NOM DU SITE :

IDENTIFIANT :

MOT DE PASSE :

ADRESSE EMAIL UTILISÉE:

NOTES :

NOTES

NOM DU SITE :

IDENTIFIANT :

MOT DE PASSE :

ADRESSE EMAIL UTILISÉE:

NOM DU SITE :

IDENTIFIANT :

MOT DE PASSE :

ADRESSE EMAIL UTILISÉE:

NOM DU SITE :

IDENTIFIANT :

MOT DE PASSE :

ADRESSE EMAIL UTILISÉE:

NOTES :

NOM DU SITE :

IDENTIFIANT :

MOT DE PASSE :

ADRESSE EMAIL UTILISÉE:

NOM DU SITE :

IDENTIFIANT :

MOT DE PASSE :

ADRESSE EMAIL UTILISÉE:

NOM DU SITE :

IDENTIFIANT :

MOT DE PASSE :

ADRESSE EMAIL UTILISÉE:

NOTES :

MOTS DE PASSE Shopping

NOM DU SITE :

IDENTIFIANT :

MOT DE PASSE :

ADRESSE EMAIL UTILISÉE:

NOM DU SITE :

IDENTIFIANT :

MOT DE PASSE :

ADRESSE EMAIL UTILISÉE:

NOM DU SITE :

IDENTIFIANT :

MOT DE PASSE :

ADRESSE EMAIL UTILISÉE:

NOTES :

NOM DU SITE :

IDENTIFIANT :

MOT DE PASSE :

ADRESSE EMAIL UTILISÉE:

NOM DU SITE :

IDENTIFIANT :

MOT DE PASSE :

ADRESSE EMAIL UTILISÉE:

NOM DU SITE :

IDENTIFIANT :

MOT DE PASSE :

ADRESSE EMAIL UTILISÉE:

NOTES :

MOTS DE PASSE Shopping

NOM DU SITE :

IDENTIFIANT :

MOT DE PASSE :

ADRESSE EMAIL UTILISÉE:

NOM DU SITE :

IDENTIFIANT :

MOT DE PASSE :

ADRESSE EMAIL UTILISÉE:

NOM DU SITE :

IDENTIFIANT :

MOT DE PASSE :

ADRESSE EMAIL UTILISÉE:

NOTES :

NOM DU SITE :

IDENTIFIANT :

MOT DE PASSE :

ADRESSE EMAIL UTILISÉE:

NOM DU SITE :

IDENTIFIANT :

MOT DE PASSE :

ADRESSE EMAIL UTILISÉE:

NOM DU SITE :

IDENTIFIANT :

MOT DE PASSE :

ADRESSE EMAIL UTILISÉE:

NOTES :

NOM DU SITE :

IDENTIFIANT :

MOT DE PASSE :

ADRESSE EMAIL UTILISÉE:

NOM DU SITE :

IDENTIFIANT :

MOT DE PASSE :

ADRESSE EMAIL UTILISÉE:

NOM DU SITE :

IDENTIFIANT :

MOT DE PASSE :

ADRESSE EMAIL UTILISÉE:

NOTES :

MOTS DE PASSE Shopping

NOM DU SITE :

IDENTIFIANT :

MOT DE PASSE :

ADRESSE EMAIL UTILISÉE:

NOM DU SITE :

IDENTIFIANT :

MOT DE PASSE :

ADRESSE EMAIL UTILISÉE:

NOM DU SITE :

IDENTIFIANT :

MOT DE PASSE :

ADRESSE EMAIL UTILISÉE:

NOTES :

MOTS DE PASSE Shopping

NOM DU SITE :

IDENTIFIANT :

MOT DE PASSE :

ADRESSE EMAIL UTILISÉE:

NOM DU SITE :

IDENTIFIANT :

MOT DE PASSE :

ADRESSE EMAIL UTILISÉE:

NOM DU SITE :

IDENTIFIANT :

MOT DE PASSE :

ADRESSE EMAIL UTILISÉE:

NOTES :

NOM DU SITE :

IDENTIFIANT :

MOT DE PASSE :

ADRESSE EMAIL UTILISÉE:

NOM DU SITE :

IDENTIFIANT :

MOT DE PASSE :

ADRESSE EMAIL UTILISÉE:

NOM DU SITE :

IDENTIFIANT :

MOT DE PASSE :

ADRESSE EMAIL UTILISÉE:

NOTES :

MOTS DE PASSE Shopping

NOM DU SITE :

IDENTIFIANT :

MOT DE PASSE :

ADRESSE EMAIL UTILISÉE:

NOM DU SITE :

IDENTIFIANT :

MOT DE PASSE :

ADRESSE EMAIL UTILISÉE:

NOM DU SITE :

IDENTIFIANT :

MOT DE PASSE :

ADRESSE EMAIL UTILISÉE:

NOTES :

MOTS DE PASSE Divers

NOM DU SITE :

IDENTIFIANT :

MOT DE PASSE :

ADRESSE EMAIL UTILISÉE:

NOM DU SITE :

IDENTIFIANT :

MOT DE PASSE :

ADRESSE EMAIL UTILISÉE:

NOM DU SITE :

IDENTIFIANT :

MOT DE PASSE :

ADRESSE EMAIL UTILISÉE:

NOTES :

NOM DU SITE :

IDENTIFIANT :

MOT DE PASSE :

ADRESSE EMAIL UTILISÉE:

NOM DU SITE :

IDENTIFIANT :

MOT DE PASSE :

ADRESSE EMAIL UTILISÉE:

NOM DU SITE :

IDENTIFIANT :

MOT DE PASSE :

ADRESSE EMAIL UTILISÉE:

NOTES :

MOTS DE PASSE Divers

NOM DU SITE :

IDENTIFIANT :

MOT DE PASSE :

ADRESSE EMAIL UTILISÉE:

NOM DU SITE :

IDENTIFIANT :

MOT DE PASSE :

ADRESSE EMAIL UTILISÉE:

NOM DU SITE :

IDENTIFIANT :

MOT DE PASSE :

ADRESSE EMAIL UTILISÉE:

NOTES :

NOM DU SITE :

IDENTIFIANT :

MOT DE PASSE :

ADRESSE EMAIL UTILISÉE:

NOM DU SITE :

IDENTIFIANT :

MOT DE PASSE :

ADRESSE EMAIL UTILISÉE:

NOM DU SITE :

IDENTIFIANT :

MOT DE PASSE :

ADRESSE EMAIL UTILISÉE:

NOTES :

NOM DU SITE :

IDENTIFIANT :

MOT DE PASSE :

ADRESSE EMAIL UTILISÉE:

NOM DU SITE :

IDENTIFIANT :

MOT DE PASSE :

ADRESSE EMAIL UTILISÉE:

NOM DU SITE :

IDENTIFIANT :

MOT DE PASSE :

ADRESSE EMAIL UTILISÉE:

NOTES :

NOM DU SITE :

IDENTIFIANT :

MOT DE PASSE :

ADRESSE EMAIL UTILISÉE:

NOM DU SITE :

IDENTIFIANT :

MOT DE PASSE :

ADRESSE EMAIL UTILISÉE:

NOM DU SITE :

IDENTIFIANT :

MOT DE PASSE :

ADRESSE EMAIL UTILISÉE:

NOTES :

MOTS DE PASSE Divers

NOM DU SITE :

IDENTIFIANT :

MOT DE PASSE :

ADRESSE EMAIL UTILISÉE:

NOM DU SITE :

IDENTIFIANT :

MOT DE PASSE :

ADRESSE EMAIL UTILISÉE:

NOM DU SITE :

IDENTIFIANT :

MOT DE PASSE :

ADRESSE EMAIL UTILISÉE:

NOTES :

NOM DU SITE :

IDENTIFIANT :

MOT DE PASSE :

ADRESSE EMAIL UTILISÉE:

NOM DU SITE :

IDENTIFIANT :

MOT DE PASSE :

ADRESSE EMAIL UTILISÉE:

NOM DU SITE :

IDENTIFIANT :

MOT DE PASSE :

ADRESSE EMAIL UTILISÉE:

NOTES :

MOTS DE PASSE Divers

NOM DU SITE :

IDENTIFIANT :

MOT DE PASSE :

ADRESSE EMAIL UTILISÉE:

NOM DU SITE :

IDENTIFIANT :

MOT DE PASSE :

ADRESSE EMAIL UTILISÉE:

NOM DU SITE :

IDENTIFIANT :

MOT DE PASSE :

ADRESSE EMAIL UTILISÉE:

NOTES :